AF318473

OBSERVATIONS

SUR LE PROJET

DE

CODE JUDICIAIRE.

OBSERVATIONS

SUR LE PROJET

DE

CODE JUDICIAIRE.

PAR M. CRUSSAIRE,

Avoué, près la Cour d'Appel de Paris.

A PARIS,

Au Palais de Justice;
Et chez RONDONNEAU, au Dépôt des Lois, rue Saint-
Honoré, en face des Jacobins.

AN XII.—1804.

AVERTISSEMENT.

La publicité donnée au Projet de Code judiciaire, fait assez connaître qu'on en desire l'examen; et tel est le précieux avantage d'un pays gouverné par les lois, que le Législateur ne fait rien sans le concours de ceux qui y sont soumis. Il veut s'environner de leurs lumières, se réformer lui-même, s'il le faut; et, pour ainsi dire, ne porter la loi que de concert avec eux : c'est par ce mode admirable que le Peuple français va bientôt jouir d'une Législation complète.

Plein de cette idée, je vais hasarder quelques Remarques dans une matière qui ne m'est pas tout-à-fait étrangère; pénétré que je suis de mon insuffisance, j'avoue que j'aurai peu fait, si un œil plus perçant que le mien ne découvre dans le Projet ce qui aurait pu m'échapper. J'aurai besoin d'une grande indulgence, à cause des idées de réforme que mon zèle pour le bien ne m'a pas permis de dissimuler. Je

me suis plu à penser que ce qui avait été créé,
conservé dans un temps de gloire, et renversé dans
un moment d'erreur, de vertige et d'anarchie, pouvait
être rétabli aujourd'hui que tout rentre dans l'ordre
par la nature même des choses; ce faible tribut que je
paie à ma Patrie, sera bientôt suivi de mes Réflexions
sur le Projet de Code criminel.

OBSERVATIONS

SUR LE PROJET

DE

CODE JUDICIAIRE.

OBSERVATIONS GÉNÉRALES.

Lᴇ Code civil a mis le Législateur dans la nécessité de donner aussi les règles de la Procédure, et déjà nous voilà en possession du Projet de Code judiciaire ; nous laissons à d'autres le soin d'en relever toutes les beautés : disons cependant ce qui n'échappera à personne ; c'est qu'il paraît heureusement conçu ; le plan en est simple, clair ; les matières sont rangées dans leur ordre naturel, les dispositions sont nettes, précises ; la marche de la procédure est rapide, lumineuse, dégagée de toute ambiguïté ; en un mot, les Magistrats chargés par le Gouvernement de cette tâche honorable, se sont élevés à la hauteur de leur mission ; ils déclarent que leur but a été *de ne rien omettre de ce qui était nécessaire ; de ne rien prescrire qui ne fût utile ;* c'est en effet là une vérité qui frappe après la lecture rapide de leur important travail.

Cependant, pour peu que la réflexion en embrasse l'ensemble, et que l'attention s'arrête aux détails , il semble qu'il reste quelque chose à desirer ; que d'une part, certaines institutions enfantées dans l'effervescence des passions demeurent, quoique tous les bons esprits, d'accord avec l'expérience, en aient, du moins en partie, déjà desiré à la chûte ; que d'un autre côté, le plan du Code judiciaire soit renfermé dans des bornes trop étroites ; c'est ce que nous allons tâcher de rendre sensible, et soumettre , non sans une grande défiance de nous-mêmes, à la sagesse et aux lumières des Rédacteurs et du Conseil d'État.

COUR DE CASSATION.

LE cercle tracé renferme la forme de procéder, et en Justice de paix, et devant les Tribunaux de première instance et de commerce , et en Cour d'appel.

Les Rédacteurs du Projet disent qu'ils n'ont pas dû s'occuper *de l'Instruction pour la Cour de Cassation , parce que ce Tribunal est placé hors de la ligne des Tribunaux ; qu'il ne réforme point les erreurs des Juges ; qu'il ne connaît point du fond des affaires ; mais seulement casse les jugemens qui contiennent quelques contraventions expresses à la loi.* (Obs. prél. p. 11).

Nous pensons au contraire que la Cour de Cassation n'est pas *hors de la ligne , mais au sommet des autres Tribunaux ;* elle est elle-même un Tribunal suprême , établi spécialement pour veiller à l'observation des formes et des lois ; pour annuller les procédures où ces formes auront été violées, et casser les jugemens vicieux ; or, c'est bien là sans doute réformer les erreurs des Juges, aussi bien que des Officiers ministériels qui s'écarteraient des dispositions littérales des lois.

Un

Un Code judiciaire doit régler l'instruction de tous les Tribunaux sans exception ; la loi d'institution du Tribunal de Cassation du 27 octobre 1790 , article 28 , ordonna *provisoirement* l'exécution du réglement qui fixait la forme de procéder au Conseil des Parties ; mais cette disposition ne pouvait être, en effet, que provisoire, et *jusqu'à ce qu'il ait été autrement statué* par le Code judiciaire (même article 28) ; car l'art. 90 de la loi sur l'organisation judiciaire du 27 ventôse an 8 , est formel : « Jusqu'à la formation du Code judiciaire , est-il dit, » les lois et réglemens précédens seront suivis pour la forme de » se pourvoir , et celle de procéder au Tribunal de Cassation. »

Dès-lors donc le Législateur a entendu comprendre dans le Code judiciaire qu'il méditait dès 1790 ; les règles de l'instruction du Tribunal de Cassation. Cette omission rendrait le Code évidemment incomplet ; il doit comprendre l'ancien réglement du Conseil des Parties , s'il est trouvé bon ; ou le remplacer par des dispositions nouvelles , s'il n'est plus approprié à l'état actuel des personnes et des choses.

JUSTICES DE PAIX.

Tout le monde sait que les Justices de paix ont été établies sur les ruines des Justices seigneuriales, qui formaient en France le premier degré de juridiction.

Le but de cette Institution nouvelle annonçait au Peuple de grands avantages ; selon M. *Touret*, qui en a fait adopter le plan , l'homme de simple bon sens, l'homme des champs pouvait sans étude devenir Magistrat, même sans le secours des Avocats qu'il fallait écarter , avec l'embarras des formes ; comme s'il eût prévu que la chose publique exigerait bientôt qu'ils se consacrassent tout entiers au grand-œuvre de sa régénération.

Cependant malgré la simplicité des formes, malgré le petit cercle de sa compétence, malgré l'absence des Praticiens, le bon homme, devenu Juge, se trouvait souvent fort embarrassé ; et tandis qu'il prêtait continuellement à rire ou à gémir, les propos injurieux de ceux qu'il avait cru devoir condamner, ne pouvaient qu'avilir la Justice, dont la gravité et le respect qui doivent toujours l'environner, ne furent jamais si bien garantis que par des Magistrats dignes d'elle.

Aussi les années de troubles et d'oscillations qui s'écoulèrent, semblaient avoir été ménagées tout exprès pour attester l'incapacité de tels Juges, et dévoiler le mal dans le bien même de l'institution. L'un des premiers actes de la puissance du grand Prince qui nous gouverne, en s'emparant en l'an 8 du timon des affaires, fut de restreindre encore la petite compétence des Juges-de-Paix, en les rappelant par l'art. 60 de la Constitution d'une manière positive à leur mission, à leurs véritables fonctions qui consistent, porte cet article, *à concilier les Parties qu'ils invitent, dans le cas de non-conciliation, à se faire juger par des Arbitres.*

Le Contentieux se trouve là comme étranger à leur institution ; concilier les Parties ou les renvoyer devant des Arbitres, voilà la tâche essentielle et principale que la loi leur impose ; ce renvoi devant Arbitres n'est qu'un acte de la volonté ; mais la mission de concilier suppose de la *capacité*, de l'*instruction*, des *lumières*, et sur-tout cet esprit liant qui entraîne et force, pour ainsi dire, les Parties peu disposées d'ailleurs à faire quelque sacrifice, et à entrer en accommodement.

Ce fut apparemment pour répondre à ce vœu du Législateur, que trois mois après, la loi sur l'organisation de l'ordre judiciaire leur a ôté la connaissance de la Police correctionnelle, tout en regrettant que les circonstances ne permissent pas de mieux faire pour le moment.

En effet, que dit l'Orateur du Gouvernement, qui a déve loppé au Corps législatif les motifs de cette loi ?

Le voici :

Qu'au moyen de ce retranchement les Juges-de-Paix sont maintenus dans l'exercice de leurs anciennes fonctions *, jusqu'à ce qu'il en ait été autrement ordonné ; que la nécessité d'une réforme dans cette partie de l'ordre judiciaire est généralement sentie.* Mais qu'elle tient au perfectionnement de la procédure par jurés ; qu'elle entraîne le changement de quantité de dispositions législatives ; qu'elle exige un travail long et difficile, qui ne devait pas retarder la loi sur l'organisation de l'ordre judiciaire.

Alors donc s'il n'était pas encore temps de s'armer de la coignée des réformes, le moment est venu où tous les obstacles doivent disparaître pour apprécier les avantages ou l'inutilité des Justices de paix, puisque l'Empire vient de se rasseoir sur des bases inébranlables.

Le Projet de Code judiciaire ne devait pas omettre les règles de la procédure des Justices de paix, puisque ce Code doit coincider avec le Code civil qui les a consacrées, lorsque, dans la vérité, nous étions encore asservis à plusieurs de ces institutions transitoires, dont le terme est marqué par leurs propres vices, autant que par le génie de celui qui n'attend sans doute que le moment favorable pour les remplacer par d'autres institutions plus parfaites et plus assorties aux constitutions de l'Empire.

Dans cet état de choses, les Rédacteurs du Projet, qui commencent par donner la forme des Citations devant les Juges-de-Paix, devaient-ils donc les conserver dans le dernier état de leur compétence, qui consiste à connaître en dernier ressort de toutes actions personnelles et mobiliaires jusqu'à 5o francs, et à la charge d'appel jusqu'à 100 francs ; comme aussi sans appel jusqu'à 5o francs, et à la charge d'appel à quelque somme que la demande puisse monter. — 1°. Des actions pour dommages aux champs, fruits et récoltes. 2°. Des déplacemens de bornes, des usurpations de terre, arbres, haies, fossés et autres clôtures commises dans l'année ; des entreprises sur les cours d'eau aussi commises dans l'année ; et de toutes autres actions possessoires. 3°. Des réparations locatives. 4°. Des indemnités prétendues par le fermier ou locataire pour non-jouissance, lorsque le droit ne sera pas contesté ; et des dégradations alléguées par le propriétaire.

Il est évident que cette compétence conservée, laisse toujours le Législateur dans le vœu qu'il a manifesté en tant de rencontres ; non-seulement de réformer, mais de ramener les Juges-de-Paix à leur véritable institution, qui répugne à toute idée de Contentieux, et qui n'a réellement pour objet que la conciliation ; c'est en effet ce qui résulte de l'article 7 du Projet, selon lequel, leur compétence, pour tous les cas, n'a d'autre limite que la volonté des Parties, qui les choisiront pour Arbitres de leurs différens.

Mais comment concilier la compétence forcée du Contentieux avec le vœu du Législateur, qui ne voit en eux que des Conciliateurs, et si l'on veut, des Arbitres ?

Cependant les Rédacteurs leur retranchent la connaissance

de plusieurs points relatifs à la conciliation. Le Projet restraint à divers cas la nécessité des citations en conciliation sur toutes demandes de la compétence des Tribunaux de première instance, que la loi de création de 1790 étendait à tous les cas qui sortent des limites de la compétence des Justices de paix ; car on n'était dispensé d'appeler en conciliation que pour les affaires qui intéressent la Nation, les Communes, et l'Ordre public, et pour les affaires de commerce ; au lieu que le Projet en dispense également ; 1°. pour les demandes provisoires ; 2°. celles en intervention, si l'intervenant prend le fait et cause d'une des parties principales ; 3°. celles formées par suite ou en exécution d'un jugement contre les Parties ou Ayans-cause ; 4°. les demandes en exécution de conventions passées en Bureau de paix ; 5°. celles en main-levée de saisie et opposition ; 6°. toute demande incidente à poursuite de saisie immobiliaire ; 7°. celles afin de réalisation d'offres ; 8°. celle contre les Experts afin de dépôt de leur rapport au Greffe pour parvenir au jugement du procès ; 9°. les demandes formées contre trois Parties et plus ; 10°. et enfin les demandes en reconnaissance d'écritures et de signatures privées.

En dégageant ainsi les Parties, de cette nécessité gênante et nuisible d'appeler en Bureau de paix avant de citer en Tribunal, c'est assez avouer le vice de cette mesure, même pour les autres cas où il faudra toujours en user.

En effet, le vice est sensible, car, outre qu'il nous paraît démontré que les Juges-de-Paix sont, en général, peu propres à la *conciliation*, c'est que presque toujours quand on en est venu au point d'être forcé à citer quelqu'un devant les Magistrats, il n'y a plus lieu à accommodement ; et s'il arrive que les Parties se rencontrent en Bureau de paix, ce n'est que pour se plaindre et se menacer mutuellement ; ce qui est un mal de plus ; puisque cette rencontre n'a servi qu'à aigrir les esprits, et à se préparer avec plus de confiance au combat judiciaire.

Un autre inconvénient, c'est que trop souvent une affaire mal commencée en Bureau de paix, quoique bonne en soi, se trouve gâtée par la Partie elle-même, sans le vouloir, ou par un Greffier mal-adroit, lorsqu'elle arrive dans les Tribunaux.

Enfin une autre considération, c'est la perte de temps, et des frais de plus. Quinze jours suffisent à peine pour avoir le procès-verbal de non-conciliation qui revient à près de 24 fr. à la Partie.

S'il est vrai que le nom seul des Justices de paix exprime le but de leur institution, il est évident aussi que toute matière contentieuse leur est étrangère, et doit leur être interdite ; et c'est ce qu'a voulu expressément le Législateur qui a réduit leur compétence à concilier les Parties, sinon à les inviter de recourir à des Arbitres.

Alors à quoi bon des Justices de paix, si la conciliation ou les arbitrages ne leur convient pas plus que la connaissance du contentieux ? La conséquence nécessaire de cette vérité, c'est l'inutilité évidente de ce premier degré de jurisdiction.

Mais, dira-t-on peut-être, qui les remplacera pour régler les contestations qui les compètent; pour l'apposition des scellés ; pour la nomination des tuteurs, curateurs, les assemblées de familles, etc.?

Répondons d'abord qu'on les a établis sans qu'on n'en ait aucunement senti le besoin ; et lorsque tout se passait aussi bien qu'on pouvait le desirer dans les lieux mêmes où on a cru devoir les fixer. D'ailleurs, les Tribunaux de première instance sont aujourd'hui presque aussi multipliés et aussi proches des justiciables qu'étaient, en 1789, les justices seigneuriales ; il y a maintenant cinq à six Tribunaux civils dans chaque Département, tandis qu'autrefois il y avait à peine deux jurisdictions royales. On se plaint avec raison des inconvéniens qui résultent de la faculté accordée aux Juges-de-Paix d'apposer les scellés en cas d'absence ou de minorité dans les héritiers d'un défunt, par les frais énormes, les entraves et les longueurs qui en sont la conséqneuce.

Si l'inventaire est nécessaire, le scellé est fort souvent inutile.

Ajoutez que la trop grande proximité est, pour plusieurs, un véhicule à la chicane ; et ce qui est peut-être encore un problème parmi les plus graves Législateurs, c'est si l'éloignement n'est pas plutôt un bien qu'un mal pour le justiciable ; car l'éloignement des Juges répugne au desir de plaider, et invite naturellement à recourir aux voies d'arrangement ou à l'arbitrage. C'est par ce principe qu'il n'y avait en France que treize Parlemens ; c'est pour cela aussi que les Cours d'appel sont trop multipliées. Dans le fait, l'Histoire nous offre l'exemple fameux du plus ancien des peuples (*l'Egypte*), qui fut heureux sous ses Rois pendant quinze siecles, quoique n'ayant dans son sein qu'une seule compagnie de trente Juges pour prononcer sur les différens d'un chacun (*Bossuet, Hist. Univ., p.* 482).

Mais voici une autre Réponse à l'Objection.

Le même enthousiasme qui a amené l'établissement des Justices de Paix avait aussi, et par la même loi, créé les Tribunaux de famille ; et l'on sait quel en a été le sort ; ils tombèrent presque à leur naissance.

Ces deux espèces de Tribunaux qui, avec les Arbitrages,

étaient les auxiliaires des Tribunaux de District, devaient, dans le sens des novateurs, opérer de grands avantages; ils ignoraient que rien ne pouvait remplacer une Magistrature d'autant plus salutaire qu'elle se faisait moins sentir ; et quelle est cette Magistrature? En la nommant, nous sommes presque sûrs que les esprits superficiels et prévenus en riront, n'importe ; c'est celle qu'exerçaient les Curés des campagnes.

En effet, le moment où l'on vit la Religion bannie, ses Ministres proscrits, fut le signal de la guerre et des tempêtes civiles et politiques; ce qui justifie pleinement la confiance dont ils jouissaient, c'est que ceux qui usèrent de violence pour la leur arracher comme par une conspiration générale, n'en méritaient eux-mêmes aucune; il n'y a que l'impiété qui puisse douter de l'influence très-sensible qu'ont les Curés de Paroisse sur le bien général; le Prince ne gère l'État que par des causes secondes; et les plus efficaces sont les bouches sacrées d'où partent les exhortations. Les Pasteurs possèdent tous les moyens d'agir sur les ames, en montrant toujours Dieu à la place des Princes; c'est le moyen sûr d'en obtenir, moins par crainte que par amour, la soumission et l'obéissance; citons un exemple frappant dans mille autres (1).

---

(1) Un Curé de Normandie, dans le pays de Caux, regardant comme un des premiers devoirs d'un Pasteur, de former pour l'État une milice vertueuse, donne un soin particulier à cet objet; il combat dans les jeunes Paysans, l'opposition pour les armes, leur inspire des sentimens d'estime pour cet état. Qu'arrive-t-il? Lorsque le temps des milices approche, aucun n'est allarmé; on attend la décision du sort avec tranquillité, et même avec joie. Quand la milice est formée, le nouveau corps s'assemble; le Pasteur le conduit avec appareil au Temple, et le dévoue aux Autels, en prononçant devant le troupeau une exhortation mâle et touchante; chargeant les nouveaux guerriers de l'honneur du Hameau, il leur déclare qu'ils n'y seront point reçus à l'avenir, s'ils avilissent

La

La paix des Cités et des Hameaux est le fruit de leur zèle, ils réconcilient les pères avec leurs enfans; les époux et les amis divisés; par leurs discours, les dissipateurs sont ramenés à l'économie,. les avares à la générosité, les cœurs insensibles à la pitié, les ames corrompues aux bonnes mœurs; la cupidité fait place à l'équité et à la Justice. Le pauvre trouve dans leurs charités un sûr appui, et tandis qu'il semble abandonné, la Providence reste auprès de lui sous les traits du digne Pasteur.

Par lui, les abus de l'autorité sont réprimés sans acception de personnes; les contestations terminées, souvent prévenues; l'épouse lui confie ses chagrins; chez le Grand endurci, c'est un Nathan; chez l'Orphelin, un Tuteur vigilant; l'œil du Magistrat s'arrête sur les fronts; celui du Pasteur perce jusques dans le fond des consciences : que de pernicieux desseins, de noirs complots arrêtés dans ce Tribunal formidable élevé à la justice de Dieu dans les Temples! Que de crimes ensevelis dans cette nuit profonde où sont enveloppés le Prêtre et l'homme qui s'accuse! Après que le généreux Pasteur a préparé l'ame de ce père à s'élancer dans le sein de Dieu, il court essuyer les larmes des enfans, consoler la veuve, et imprimer dans ces cœurs glacés des leçons que la douleur ne laissera jamais effacer.

Les Pasteurs sont donc les associés naturels du pouvoir,

---

leur profession glorieuse. Cette espèce d'inauguration réveille leur âme; et leur rudesse se changeant en une vertu ferme et austère, leur inspire un courage au-dessus des plus grands dangers.

Le Pasteur ne borne pas là son zèle; il paie à chacun une pension modique, qui est fidèlement comptée sur le témoignage du chef; mais suspendue, ou même supprimée tout-à-fait, quand ils n'ont point cette attestation honorable. (*M. Beplas, causes du bonh. publ. Tome II, p.* 156.)

3

les Co-ministres des Rois ; et nul n'a méconnu cette vérité qu'il n'ait eu à s'en repentir : c'est un hommage que rend l'Empereur lui-même dans sa lettre adressée à M. l'Archevêque de Paris. « Le Très-Haut, dit-il, sur qui je me » repose avec confiance, inspirera à ses Ministres le desir de » me seconder de tous les moyens qui sont en leur pouvoir. » Ils éclaireront les peuples en leur prêchant l'amour des de- » voirs, l'obéissance aux lois, et la pratique de toutes les vertus » chrétiennes et civiles ; ils appelleront les bénédictions du Ciel » sur la Nation et sur le Chef Suprême de l'État ».

Voilà les véritables Juges-de-Paix des campagnes que l'erreur en avait bannis, et que la réflexion, la sagesse et l'amour de l'ordre viennent de leur restituer.

Or, où serait l'utilité des Justices de Paix?

OBSERVATIONS PARTICULIÈRES.

JUSTICE DE PAIX.

Art. 15 *du Projet. L'appel des jugemens de la Justice de Paix ne sera pas recevable après les trois mois, à dater du jour de la signification faite par l'Huissier de la Justice de Paix, ou tel autre commis par le Juge.*

OBSERVATIONS.

Le délai de trois mois pour appeler des jugemens de la Justice de Paix n'est-il pas trop long? Il est vrai que selon l'Art. 16, ils sont exécutoires par provision. Mais la condition de la caution que le Juge pourra exiger, rendra cette exécution impossible dans plusieurs cas où la Partie gagnante ne pourra pas fournir cette caution : trop de latitude au Juge tournerait contre les Parties ; ou n'exigez pas de caution, ou réduisez le délai à quarante jours.

Art. 20 du Projet. *La Partie opposante qui se laisserait juger une seconde fois par défaut, ne sera plus reçue à former une nouvelle opposition ; et l'appel d'un jugement de Juge-de-Paix, lorsqu'il aura été rendu par défaut, ne sera, dans aucun cas, recevable.*

OBSERVATIONS.

On ne voit pas pourquoi il n'y aurait lieu à l'appel d'un jugement par défaut, dont le délai de l'opposition serait expiré. Car qui ne sait que la prorogation du délai de l'opposition prévu par l'art. 19, pourrait lui être refusée sans motif, même en prouvant son absence, ou tout autre empêchement légitime ?

Art. 28 du Projet. *Au jour indiqué, les témoins feront le serment de dire vérité, et déclareront s'ils sont parens ou alliés des Parties, et à quel degré, et s'ils sont leurs serviteurs ou domestiques.*

Voyez les Observations sur les articles 116 et 117.

Art. 37 du Projet. *Les Juges-de-Paix ne pourront être récusés que quand ils auront un intérêt personnel à la contestation, ou quand ils seront parens ou alliés d'une des Parties, jusqu'au degré de cousin-germain inclusivement.*

OBSERVATIONS.

La récusation pour cause de parenté est restrainte au degré

de cousin-germain; pour celle des Juges de première instance au dégré de cousin issu de germain.

On ne voit pas la raison de cette différence; si c'est parce qu'en Justice de Paix la matière est peu importante, ce serait une erreur; car l'intérêt est à raison de la condition, de la faculté des personnes; une somme de 5o fr., de 100 fr.; un trouble apporté à une jouissance; une haie arrachée, une borne déplacée, tout cela peut être, pour le particulier, de la dernière importance; ces choses doivent s'apprécier, non par ce qu'elles valent en elles-mêmes, mais par la faculté des personnes qui les possèdent.

L'on pense que la récusation doit être prescrite au même dégré en toute jurisdiction.

Elle avait lieu par les Ordonnances de Blois et de 1667, jusqu'aux enfans des cousins issus de germains; et ce, par d'excellentes raisons, déduites dans les Conférences (*Voyez le Procès-Verbal*).

Le Projet, à l'exemple de ces mêmes Ordonnances, applique la récusation au Juge qui est le parent commun des Parties, à l'égard des Juges de première instance, et non des Juges-de-Paix; mais on doit éviter, même pour ces derniers Juges, de les placer dans la nécessité de condamner un de leurs parens pour qui ils auraient une affection particulière.

Enfin, on ne voit pas pourquoi les Juges-de-Paix ne seraient pas récusables pour toutes les causes pour lesquelles les Rédacteurs du Projet récusent les Juges de première instance.

TRIBUNAUX INFÉRIEURS.

DE LA CONCILIATION.

Art. 41 du Projet. *Aucune demande principale ne sera portée aux Tribunaux de première instance, que le défendeur n'ait été préalablement appelé en conciliation au Bureau de Paix.*

Art. 43 du Projet. *Le défendeur sera cité en conciliation, 1°. devant le Juge-de-Paix de son domicile; et s'il y a deux défendeurs, devant le Juge de l'un d'eux, au choix du demandeur; 2°. en matière de société, devant le Juge du lieu où elle est établie; 3°. en matière de succession, sur les demandes entre Héritiers ou autres Parties intéressées, jusqu'au partage inclusivement, et sur celles à fin d'exécution des dispositions à cause de mort, jusqu'au jugement définitif, devant le Juge-de-Paix de la succession; 4°. en matière de faillite, devant le Juge du lieu où elle est ouverte; 5°. en matière de garantie, devant le Juge où l'on a cité en conciliation pour la demande originaire.*

OBSERVATIONS.

D'après les Observations générales, il n'y a lieu à citer en conciliation avant de citer en tribunal.

Art. 47 du Projet. *Lors de la comparution, le demandeur pourra expliquer, même augmenter sa demande, et le défendeur former celles qu'il jugera convenable; le tout sans nouvelle citation : le Juge, d'office, ou sur la demande d'une des*

*Parties, fera à l'autre des interpellations; pourront même les
Parties s'en faire respectivement; et du tout sera fait mention,
ainsi que des dires, aveux, dénégations et conventions des
Parties, dans le Procès-Verbal, qui sera signé d'elles ou de
leurs mandataires; et en cas de refus ou empêchement, il en
sera fait mention.*

*Les conventions des Parties, insérées au Procès-Verbal,
ne seront pas exécutoires et ne donneront pas hypothèque.*

OBSERVATIONS.

Si le mode de la conciliation subsistait au Code, peut-être
serait-il prudent de donner au Procès-Verbal l'effet de l'hypothèque; car la reconnaissance de l'écriture ou signature étant
un fois faite, ou tenu pour reconnue, si le cité fait défaut,
cela dispenserait d'obtenir en Tribunal un jugement préalable à
cette fin pour prendre inscription hypothécaire, et par consé-
quent éviterait des frais et des longueurs.

Il y a exemple qu'il a été pris à Paris Inscription en vertu
d'un semblable Procès-Verbal, qui constatait la reconnaissance
de la signature du débiteur mise au bas de son billet.

Mais dès qu'aux termes de l'art. 192 du Projet, on peut citer
en Tribunal en reconnaissance d'écriture et signature privées,
sans citer en conciliation, c'est qu'apparamment on veut encore
ôter aux Juges-de-Paix là connaissance, quant à la conciliation,
de ces sortes de demandes.

DES AJOURNEMENS.

Art. 52 du Projet. *Cet article autorise, en matière personnelle, d'assigner le défendeur au Tribunal de sa résidence, s'il n'a pas de domicile.*

OBSERVATIONS.

L'Ordonnance ne reconnaissait, dans ce cas, que le Tribunal du domicile, suivant cette maxime, *actor sequitur forum rei.*

Mais ne voulant pas jeter le demandeur dans une preuve de domicile trop difficile, l'Ordonnance, art. 49, autorise à faire donner l'assignation, par un seul cri public, *à ceux qui n'ont ou qui n'ont eus aucun domicile connu.*

Ainsi le mot *connu*, ajouté au mot *domicile* de l'article, conciliera tout, et évitera des difficultés incidentes sur la question de domicile.

Art. 53 du Projet. *Les Demandes formées en exécution d'actes contenant soumission à un Tribunal, y seront portées.*

OBSERVATIONS.

Le mot *soumission à un Tribunal*, exprimé dans cet article, ne rend pas, ce semble, assez clairement le vœu de l'art. 111 du Code civil; en ce qu'il suppose, par ces quatre mots, contre le sens de cet article 111, qu'il faut pour pouvoir saisir le Tribunal que la soumission soit expresse.

Mieux vaudrait donc remplacer l'art. 53 par cet art. 111.

Art. 58 du Projet. *En matière réelle ou mixte, les exploits énonceront le terroir, la contrée, les tenans et aboutissans,* *et la nature de l'héritage; et s'il s'agit d'un domaine, corps de ferme ou métairie, il suffira d'en désigner le nom et la situation : le tout à peine de nullité.*

OBSERVATIONS.

Exiger dans l'exploit en matière réelle, les tenans et aboutissans de l'héritage à peine de nullité, ce sera souvent réduire à l'impossible, à cause des mutations qui se succèdent rapidement.

Il suffit, ce semble, de la désignation précise de l'héritage, avec l'énonciation du terroir, de la contrée, du buisson, de la haie, de l'arbre, ou autres signes de cette espèce.

Les formes dans les exploits sont de rigueur, quoique très-multipliées ; la nullité est la peine de leur omission.

L'Ordonnance civile ne prononçait qu'une amende de 20 liv. contre l'Huissier, en cas de nullité de l'exploit par son fait ; l'art. 60 du Projet, au lieu de cette amende, le rend, dans ce cas, passible des frais de l'exploit et de la procédure annullée, même des dommages et intérêts de la Partie.

Encore qu'il y ait là beaucoup de sévérité, les Huissiers ne pourraient raisonnablement s'en plaindre ; car cette sorte de responsabilité les porterait à rédiger leurs exploits avec plus de soin, au lieu de s'en reposer, comme font la plupart, sur des Clercs inexpérimentés.

Mais il est une question importante, qui paraît n'être pas résolue dans le Projet ; les nullités se couvrent-elles par les défenses ? C'est ce que les Rédacteurs ne décident pas.

Il est vrai qu'au titre *des Exceptions*, les articles 186 et 187
du

du Projet, veulent que les exceptions, autres que celles afin de renvoi, soient proposées avant toutes défenses au fonds.

Mais où est la peine, si on omet de les proposer avant les défenses; et si, sur ces défenses, jugement intervient, et qu'on n'en parle qu'en Cour d'appel ?

Si l'on pense que les défenses couvrent les nullités, il faut nécessairement l'exprimer, pour qu'on ne puisse argumenter du silence de la loi, et sur-tout pour ôter à la chicane l'arme que lui fournirait le principe posé par les Rédacteurs eux-mêmes, savoir, que *le Code judiciaire doit tout prévoir*, parce que rien ne se supplée . . . . . et que rien ne doit être fait qui n'ait été ordonné (*Observ. prélim. p.* 10).

Les Rédacteurs sont néanmoins tombés dans la même omission qu'offre l'article 5, du titre VI de l'Ordonnance qui, tout en prescrivant d'employer dans les défenses *les fins de non-recevoir, nullité des exploits, et autres exceptions péremptoires, pour y être préalablement fait droit*, n'attache aucune peine à l'omission.

Il fallut donc que la Jurisprudence, d'accord avec l'opinion émise par M. le premier Président *d'Aligre*, dans la discussion qui eut lieu sur cet article de l'Ordonnance, décida que les nullités des Exploits se couvriraient par les défenses (*Voyez le Procès-verbal*).

Mais les Rédacteurs savent parfaitement que le premier vœu du Législateur, c'est de ne laisser à l'équité des Juges que les cas qu'il n'a pas pu prévoir, parce que le silence de la loi conduit à l'arbitraire; source trop féconde des différens entre les hommes.

DES AUDIENCES, DE LEUR PUBLICITÉ, etc.

Art. 80 du Projet. *Ceux qui assisteront aux Audiences se tiendront découverts, dans le respect et le silence : tout ce que le Président ordonnera pour le maintien de l'ordre, sera exécuté ponctuellement, et à l'instant.*

La même disposition sera observée dans les lieux où, soit les Juges, soit les Commissaires du Gouvernement, exerceront des fonctions de leur état.

Art. 81. *Si un ou plusieurs individus quelconques interrompent le silence, donnent des signes d'approbation ou d'improbation, soit à la défense des Parties, soit aux Discours des Juges ou du Ministère public, soit aux interpellations, Avertissemens ou Ordres du Président, Juge - Commissaire ou Commissaire du Gouvernement, soit aux Jugemens ou Ordonnances, causent ou excitent du tumulte de quelque manière que ce soit; et si, après l'avertissement des Huissiers ils ne rentrent pas dans l'ordre sur-le-champ, il leur sera enjoint de se retirer, et les résistans seront saisis et déposés à l'instant dans la Maison d'arrêt pour vingt-quatre heures.*

Art. 82. *Si le trouble est causé par un individu remplissant une fonction près le Tribunal, il pourra, outre la peine ci-dessus, être suspendu de ses fonctions : la suspension, pour la première fois, ne pourra excéder le terme de trois mois.*

Art. 83. *Ceux qui outrageraient ou menaceraient les Juges, ou les Officiers de Justice, dans l'exercice de leurs fonctions, seront, de l'Ordonnance du Président, Juge-Commissaire, ou du Commissaire du Gouvernement, chacun dans le lieu* *dont la Police lui appartient, saisis et déposés à l'instant dans la Maison d'arrêt, interrogés dans les vingt-quatre heures, et condamnés par le Tribunal à une détention qui ne pourra excéder le mois, et en une amende qui ne pourra être moindre de vingt-cinq francs, ni excéder trois cents francs.*

OBSERVATIONS.

Les mesures prises par ces Articles pourront bien peut-être inspirer la crainte et porter au silence ; mais non pas imprimer dans le cœur le respect, la confiance, et l'amour.

Il faut parler aux yeux d'abord ; la loi veut de la gravité dans ses Ministres, et qu'ils puissent en imposer ; et c'est pour cela qu'elle a voulu le Costume Magistral.

Mais cela ne suffit pas ; les décorations mêmes doivent être décentes ; elles doivent répondre à la Majesté du Temple où la Justice rend ses Arrêts ; tout, sous ses voûtes sacrées, doit inspirer un saint respect ; tout doit attester et montrer dans le Magistrat chargé de prononcer sur les biens, l'honneur et la vie de ses semblables, la vive image de la Divinité, dont il remplit les augustes et redoutables fonctions.

Voyez au surplus les Remarques sur les articles 116 et 117, relatives au serment.

DE L'INSTRUCTION PAR ÉCRIT.

ART. 102 du Projet. *Si les Avoués ne rétablissent, dans les délais ci-dessus fixés, les productions par eux prises en communication, il sera, sur le certificat du Greffier, et sur*

un simple Acte pour venir plaider, rendu jugement à l'Au-
dience, qui les condamnera personnellement à ladite remise,
aux frais du jugement, sans répétition, et en dix francs au
moins de dommages-intérêts par chaque jour de retard.

Art. 103. *Si les Avoués ne rétablissent les productions*
dans la huitaine de la signification dudit jugement, le Tribunal
pourra prononcer de plus forts dommages-intérêts, même
condamner l'Avoué par corps, et l'interdire pour tel temps
qu'il estimera convenable.

Art. 184. *Si, après l'expiration du délai, l'Avoué n'a pas*
rétabli les pièces, il sera, sur simple Requête présentée au
Président du Tribunal, rendu Ordonnance, portant qu'il sera
contraint à ladite remise, incontinent et par corps, même à
payer trois francs de dommages-intérêts à l'autre Partie, par
chaque jour de retard, du jour de la signification de ladite
Ordonnance, outre les frais desdites Requête et Ordonnance,
qu'il ne pourra répéter contre sa Partie.

Art. 185. *En cas d'opposition, l'incident sera réglé som-*
mairement à l'Audience; et si l'Avoué succombe, il sera
condamné personnellement aux dépens de l'incident, même
en tels autres dommages-intérêts et peines qu'il appartiendra,
suivant la nature des circonstances.

OBSERVATIONS.

Des frais, des dommages-intérêts par chaque jour de retard,
la condamnation par corps, même l'interdiction temporaire;
telle est la peine proposée contre les *Avoués*, soit de première
instance, soit d'appel (car les règles prescrites par l'art. 461
du Projet pour *les exceptions, l'instruction et les incidens,*

sont communes aux Cours d'appel) qui ne rétabliraient pas au Greffe les productions des Parties adverses, ou les pièces qu'ils auront prises en communication.

Aucune loi ne portait de dispositions pénales contre les Procureurs en pareil cas.

Au Châtelet, il était reçu de forcer les Procureurs en retard par un jugement.

Au Parlement, c'était la Chambre des Procureurs qui prononçait, sur une plainte qui lui était faite, une peine pécuniaire. Mais on peut voir au Procès-verbal de l'Ordonnance, page 71, que quand un Procureur voulait prendre en communication, le Conseiller-Rapporteur lui faisait consigner une certaine somme, pour l'obliger de rétablir au jour convenu; faute de quoi il perdait la somme, consignée au profit des pauvres; et l'expérience a pleinement justifié cette mesure.

Comme cependant des causes légitimes de retard pourraient survenir, telle qu'une absence, une maladie, ou la mort même, peut-être faudrait-il, en maintenant les articles du Projet, ajouter ceci :

A moins qu'il ne soit justifié de causes légitimes d'empêchemens.

DES JUGEMENS.

Art. 116 du Projet. *Tout jugement qui ordonnera un serment, énoncera les faits sur lesquels il sera reçu.*

Art. 117. *Le serment sera fait par la Partie en personne, et à l'Audience, en présence de l'autre Partie, ou elle dûment appelée par acte d'Avoué à Avoué; et s'il n'y a pas d'Avoué* *constitué par exploit, conte... ...dication du jour de la prestation.*

OBSERVATIONS.

L'usage du serment est devenu si fréquent parmi nous, si frivole, et en apparence de si petite conséquence, qu'il y a de quoi trembler pour le bon droit sans preuve, et pour l'innocence accusée.

La plupart de ceux qui jurent ne font pas attention, que c'est rendre *Dieu* même pour témoin de ce qu'on promet, et pour Juge vengeur, si on est infidèle et parjure à ce qu'on a promis (*Jérém.* 29; *Domat, L. civ.*).

Platon dit que *Radamante*, qui gouvernait un Peuple extrêmement religieux , expédiait tous les procès avec célérité, déférant seulement le serment sur chaque chef; mais que quand un Peuple n'est pas religieux, on ne peut faire usage du serment que dans les occasions où celui qui jure est sans intérêt (*Des Lois*, *l. XII*). — A Rome, dit *Montesquieu*, la crainte de violer le serment surmontait toute autre crainte. Rome était un vaisseau tenu par deux ancres dans la tempête; la Religion et les mœurs (*Esp. des Lois*, *t. I, p.* 246.).

Si nous ne pouvons pas nous rendre un si bon témoignage, avec quelle inquiétude le Magistrat ne doit-il pas employer un tel moyen ! Avec quel scrupule ne doit-il pas examiner la moralité des témoins, apprécier les reproches, peser le mérite des dépositions!

Mais le voulez-vous vivement pénétré du sentiment de sa dignité; voulez-vous élever l'âme, inspirer un saint respect dans le Temple de la Justice; rappeler l'homme au sentiment de ses devoirs; le rendre attentif au cri de sa conscience; voulez-vous faire pâlir le parjure ? Frappez ses regards d'Images, qui lui

rappellent énergiquement que le Magistrat tient la place de
Dieu même; faites qu'ils ne se reposent plus sur ces toiles qui
ne disent rien à l'imagination, que pour l'égarer; qui ne retra-
cent que des sacrifices aux Dieux du paganisme; du sang et des
victimes; des Bacchantes ou des Batailles, quoique la sainteté
du lieu ne souffre rien que de saint; que les choses profânes et
licencieuses disparaissent enfin, et soient reléguées dans les
Lycées et les Théâtres. Naguères d'augustes emblêmes rehaus-
saient les voutes, et paraient les lambris du sanctuaire de la
Justice; le Barreau avait de grands Orateurs; les splendeurs de
la véritable Éloquence y brillaient de tout leur éclat; mais
c'était principalement dans nos livres Saints qu'ils allaient puiser
ces tours, cette force, ce pathétique, ces mouvemens sublimes
qui leur gagnaient tous les cœurs. C'était leur piété qui donnait
de l'élévation à leurs pensées, de l'efficace à leurs paroles, du
poids à leurs discours, du succès à leurs travaux. O temps! ô
mœurs, qu'êtes-vous devenus! O parole, où est votre empire,
votre toute-puissance! O vérité, dépouillée de vos plus beaux
ornemens, dites-le nous; où sont vos défenseurs! Sortez
Démosthènes, sortez *Cicéron*, de vos tombeaux immortels! Et
vous *Daguesseau*, et vous *Séguier*, et vous *Cochin*, *le Maitre*,
Gerbier; vous tous l'honneur de votre siècle, dites-nous à
quelles armes divines vous devez vos triomphes sur le mensonge!
Par quel prodigieux ascendant les mains pures de la Vérité vic-
torieuse ont tant de fois posées des Couronnes sur vos têtes
modestes! Grands hommes! alors que vous honoriez, que vous
professiez hautement une croyance religieuse écrite par-tout,
étiez-vous moins radieux que le Soleil? alors que les Magistrats
étaient comme des Dieux, occupés à juger les hommes, le
parjure aurait-il osé les regarder en face? Les grandes con-
ceptions de votre génie, les nobles caractères de vos sentimens,
les resserriez-vous dans le cercle étroit d'une orgueilleuse raison,

qui permet à peine d'avouer qu'il y a un Dieu ; qui du moins,
par la plus honteuse des pusillanimités, porte sans cesse à laisser
douter qu'il est une autre vie après celle-ci ! Hommage cependant sans lequel jamais, osons le dire, le Barreau ne pourra se
consoler de ses pertes ; le retour sincère à la Religion et à la
morale, pourra seul réprouver ouvertement l'impiété de ceux qui
ont foulés aux pieds l'une et l'autre. Alors seulement la vérité
oubliera les outrages qui lui ont été faits, parce qu'elle aura
retrouvée des vengeurs dignes d'elle. Alors aussi l'acte sacré du
serment ne paraîtra plus une vaine formule ; il sera le garant
des engagemens, et le moyen sûr du Magistrat pour arriver à
la connaissance du vrai (1).

Art. 123 *et* 124 *du Projet.* La contrainte par corps, qui
était impérative par l'Ordonnance de *Moulins*, n'est ici que
facultative à l'exemple de l'Ordonnance de 1667 ; et il est laissé
dans les cas de ces Articles, à la prudence des Juges de la
prononcer, et surseoir à l'exécution pendant le temps qu'ils
fixeront.

Par l'Ordonnance, ce temps était de quatre mois ; mais
l'article 124 du Projet, n'offre cet avantage qu'après le délai
que fixeront les Juges ; la contrainte par corps s'exerce sans
nouveau jugement, au lieu qu'il fallait un jugement ou Arrêt
d'*Iterato* qui, sur l'opposition ou l'appel, pouvait occasionner
un nouveau procès ; le mode du Projet est donc préférable ?

Mais on ne voit pas pourquoi on en exclurait *les dépens*

---

(1) Nous n'entendons faire ici aucune application injurieuse ; nous n'en vou-
lons qu'à l'impiété qui a répandu son venin dans tous les états de la société ; le
Barreau français compte encore beaucoup de Magistrats, beaucoup d'Avocats
recommandables qui s'honorent d'être nés dans la Religion de leurs Ancêtres,
et qui en défendraient en toute occasion les droits, comme ceux de la vérité
qui en sont inséparables.

adjugés

adjugés au-dessus de 200 francs, lesquels emportaient aussi, par l'Ordonnance, la contrainte par corps. Les dépens sont-ils donc moins sacrés pour l'Avoué qui en a fait l'avance, que des dommages et intérêts pour les Parties auxquelles le Projet accorde ce bénéfice ?

Sans ce moyen repressif, la mauvaise foi rendrait trop souvent impossible l'exécution de la condamnation des dépens ainsi que de l'exécutoire ; ce qui jeterait dans une position trop déplorable la Partie qui se trouverait obligée de les acquitter, quoi qu'ayant gagné son procès.

Art. 130 du Projet. *La distraction de dépens au profit de l'Avoué, ne sera prononcée que par le jugement qui en portera la condamnation ; la taxe sera poursuivie, et l'exécutoire délivré au nom de l'Avoué, sans préjudice de l'action contre sa Partie.*

OBSERVATIONS.

Cet article, en disposant que la distraction des dépens au profit de l'Avoué ne sera prononcée que par le jugement qui portera la condamnation, l'empêche bien de se la faire adjuger ultérieurement ; mais, dès qu'à juste titre, il conserve son droit contre la Partie, il doit pouvoir sans doute toujours user de son privilége en faisant une opposition ur elle ès mains de la Partie qui a succombée ; et par-là, écarter d'une part, toute espèce de compensation entre les deux Parties ; et de l'autre, toucher de préférence aux autres créanciers du condamné, le montant de ses frais.

Dans ce cas, la distraction obtenue aura toujours l'avantage de la célérité ; mais ce principe incontestable aurait besoin d'être précisé dans la loi.

5

Art. 136 du Projet. *La rédaction des jugemens contiendra les noms, professions et demeures des Parties, leurs conclusions, les points de fait et de droit, les motifs et le dispositif.*

Art. 137 du Projet. *Celui qui voudra lever un jugement contradictoire, sera tenu de signifier à l'Avoué de l'autre Partie, les qualités contenant les noms, professions et demeures des Parties, les conclusions, les points de fait et de droit.*

OBSERVATIONS.

Ces articles consacrent la formule nouvellement adoptée des jugemens, par la loi sur l'organisation judiciaire de 1790.

Depuis des siècles les Tribunaux et les Parlemens prononçaient sur les différens, sans exprimer les motifs de leurs décisions. J'en donnerai l'historique dans mes Observations sur le Projet de Code criminel.

A l'exemple du Législateur, le Juge prononçait selon la loi, et dans l'esprit de la loi.

On a trouvé, en boulversant tout, cet antique usage abusif, et on a prescrit aux Juges de motiver désormais leurs jugemens. Il faut croire qu'il en est résulté quelqu'utilité, quoique ces motifs déduits aient souvent donné prise à la critique, et servi de prétexte pour en appeler.

Convenons cependant que la connaissance des motifs sert à former la Jurisprudence qui, sans ce secours, demeurerait toujours incertaine.

Mais où est la nécessité d'établir dans *les Qualités* les points de fait et les points de droit ? Il doit suffire des noms, professions et demeures des Parties avec leurs conclusions respectives ; ces points de fait et de droit, souvent mal posés, mal digérés, grossissent énormément le jugement sans aucune utilité pour la Partie gagnante.

Art. 151 du Projet. *Tous jugemens par défaut contre Partie, seront signifiés par un Huissier commis, soit par le Tribunal, soit par le Juge que le Tribunal aura désigné ; ils seront exécutés dans les six mois de leur obtention, sinon seront réputés non-avenus.*

OBSERVATIONS.

L'Article 154 les répute exécutés lorsque les meubles saisis ont été vendus, ou que le condamné a été emprisonné ou recommandé, ou que la saisie d'un ou de plusieurs de ses immeubles lui a été notifiée, ou que les frais ont été payés.

Mais s'il n'y avait ni meubles ni immeubles ; si le condamné ne l'était pas par corps, et se trouvait insolvable, alors le jugement ne serait donc pas réputé exécuté, même dans le cas où l'opposition non faite, ou non réitérée dans la huitaine aux termes de l'article 155, ne sera plus recevable ; car cette exécution présumée est une disposition rigoureuse qui ne peut pas s'étendre au-delà des cas prévus.

Cependant il semble de toute Justice de disposer, qu'en cas d'insolvabilité, *un Procès-verbal de carence* fait en temps utile, équivaudra à l'acte d'un des cas prévus par l'article 154, pour cette exécution présumée.

Telle est la modification dont cet article paraît susceptible.

DES EXCEPTIONS.

Art. 166 du Projet. *Tous étrangers demandeurs sont tenus, si le défendeur le requiert, de fournir caution, de payer les frais, dommages et intérêts auxquels ils pourraient être condamnés.*

OBSERVATIONS.

L'article 16 du Code civil, en dispense en matière de commerce; il n'y est pas dit non plus que la caution ne sera fournie que lorsque le défendeur la requiérera ; l'obligation est pour l'un et l'autre cas. Il semble donc nécessaire d'accorder ces deux articles qui veulent, l'un plus, l'autre moins.

Art. 173 du Projet. Cet article, qui est le 7e du titre VIII de l'Ordonnance, décide que si les garans n'ont pas été appelés dans les délais prescrits par les articles 170, 171 et 172, le défendeur originaire n'a plus qu'à les poursuivre séparément, afin de ne pas retarder le jugement de la demande principale.

Il arrive de-là que le défendeur originaire qui a succombé, n'a pas toujours son recours contre son garant pour raison de cette condamnation, qui n'a pas été prononcée avec lui. Il peut de nouveau faire juger la question principale avec celui qu'il a garanti. En sort. qu'il n'y aura pas lieu à l'action en recours, si l'on vient à juger ultérieurement que le défendeur originaire devait être renvoyé de la demande principale ; voilà l'inconvénient de ne pas appeler garans dans les délais prescrits ; mais aussi c'est pour prévenir toute connivence entre le demandeur originaire et le demandeur en recours. L'article du Projet est donc d'une profonde sagesse, et nous nous plaisons à le démontrer.

Art. 189, 190 et 191 du Projet. *Ces articles permettent aux Juges de renvoyer les Parties devant des Arbitres pour les concilier, sinon donner leur avis.*

OBSERVATIONS.

Ces renvois sont relatifs aux Causes dont il est parlé aux articles 4 et 5 du titre VI de l'Ordonnance civile, telles que *les folles intimations, désertion d'appel, les appels de deni de renvoi et d'incompétence,* qui se vidaient par expédient, sur l'avis d'un ancien Avocat.

Mais rien n'empêche que d'autres matières fassent l'objet de ces renvois, et que ce soit devant Arbitres, autres que des Avocats ou Avoués.

Ce mode ne prouve que mieux la sagesse du principe, et la nécessité des règles établies, liv. 4 du Projet, touchant les *Arbitrages.*

Le titre XI *sur la Vérification des écritures,* contient vingt-cinq articles; il prescrit la forme de la reconnaissance et de la vérification des écritures d'actes privés; s'il y a dénégation, c'est devant le Juge du domicile de l'Assigné ou d'un Juge-Commissaire, que se fait la vérification par titres, par experts et par témoins.

D'après l'Ordonnance civile, toute la mission des Juges du domicile, se bornait à la simple reconnaissance; mais en cas de dénégation de l'écriture, il devait renvoyer, pour en faire la vérification, pardevant les Juges où le procès était pendant. (*Voyez le Procès-verbal de l'Ordonnance, p.* 177).

Cette distinction ne se trouve pas dans le Projet; peut-être les Rédacteurs ont-ils craints plus de difficultés dans le procédé de la vérification de la pièce sur les lieux, que devant le Tribunal saisi du procès ; cependant, à l'Expert près, il semble au premier coup-d'œil qu'il est plus aisé de se procurer sur les lieux des pièces de comparaison, et des témoins qui connaissent l'écriture déniée.

DES ENQUÊTES.

Art. 286 du Projet. *Pourront être présentés comme reproches, la parenté et l'alliance de l'une ou de l'autre des Parties, jusqu'au degré de cousin issu de germain inclusivement ; la parenté et alliance des conjoints au degré ci-dessus, si le conjoint est vivant, ou si la Partie ou le Témoin en a des enfans vivans : en cas que le conjoint soit décédé, et qu'il n'ait pas laissé de descendans, pourront être reprochés les parens et alliés en ligne directe, les frères, beaux-frères, sœurs et belles-sœurs.*

Pourront être reprochés, le témoin héritier présomptif ou donataire ; celui qui aura bu et mangé avec la Partie, et à ses frais, depuis la prononciation du jugement qui a ordonné l'enquête ; celui qui a ordonné l'enquête ; celui qui aura donné des certificats sur les faits relatifs au procès, et le témoin en état d'accusation, ou condamné à peine afflictive ou infamante.

OBSERVATIONS.

Cet article remplace l'article 11 du titre XXII de l'Ordonnance, quant aux parens et alliés des Parties, qui ne peuvent être reçus en témoignage.

Cette règle cependant doit avoir ses exceptions ; car toutes les fois qu'il s'agit de prouver l'âge, l'état ou le décès de quelqu'un, et que les registres qui pourraient constater ces choses sont perdus, alors l'article 16 du Code civil admettant la preuve par témoins, on doit faire entendre les parens en déposition ; parce qu'ils sont ordinairement aux baptêmes, mariages et sépultures, et qu'eux seuls en ont gardés des notes et documens. (*L.* 16, *ff. de probat. ità etiam.* Mornac in l. 7, Cod. *de in integrum restitution*).

2°. Il en est de même lorsqu'il s'agit de prouver une parenté ou alliance (*Théveneau, sur les Ordonnances, l.* 3) ; ou la filiation d'un enfant naturel dont l'état est contesté.

L'article 323 du Code civil permet cette preuve par témoins, s'il y a commencement de preuves par écrit résultant des registres et papiers domestiques, ou des présomptions et indices assez graves.

3°. Enfin, lorsqu'il s'agit de vérifier un fait qui s'est passé dans le secret d'une famille, dont les étrangers n'ont pu avoir que peu ou point de connaissance (*Le Prêtre, Centurie* 3, *ch.* 113).

'Le même article du Projet rejette le témoignage de celui qui aura donné des certificats sur les faits relatifs au procès.

Est-ce là un reproche valable ! A moins qu'on ait entendu que ce certificat valant comme déposition, il y a inutilité de faire entendre la personne qui l'a donné.

Ceci est appuyé sur la raison et sur l'autorité de *la Rocheflavin,* en ses Arrêts, l. 4, tit. III, selon lequel, rien n'empêche qu'un Expert soit entendu comme témoin dans le même fait sur lequel il a donné son rapport.

Tous ceux que l'article du Projet ne reproche pas, sont censés pouvoir déposer; ainsi les *serviteurs et domestiques* pourront être entendus.

Cependant si le droit admet que le témoignage du domestique qui dépose contre son maître, doit être reçu (*Loi* 8, *Cod. des testib.*), s'il dépose en faveur de son maître, son témoignage doit être rejeté.

Il est vrai qu'il y a des cas où l'on est dans l'obligation d'entendre les serviteurs et domestiques en déposition, sans quoi on n'aurait presque jamais de preuves (*Voyez le Procès-verbal de l'Ordonnance*, p. 298; *et la loi* 8, S. 6, *Cod. de rapudiis*).

Ainsi les gens sans aveu, les vagabonds, les filles perdues d'honneur et de mœurs, celui qui a intérêt de déposer ce qu'il dépose, ceux qui ont été corrompus, les amis intimes, les ennemis déclarés, pourront donc aussi être entendus comme témoins, par cela seul, que la loi ne les exclut pas; et d'après le principe adopté au projet, qui est, que les exceptions ne doivent pas s'étendre au-delà des cas prévus.

Art. 295 du Projet. *L'enquête déclarée nulle par la faute du Juge-Commissaire, sera recommencée à ses frais; les délais de la nouvelle enquête courreront du jour de la signification du jugement qui l'aura ordonnée; la Partie pourra faire entendre les mêmes témoins; et si quelques-uns ne peuvent être entendus, les Juges auront tel égard que de raison aux dépositions par eux faites dans la première enquête.*

Art. 296 du Projet. *L'enquête déclarée nulle par la faute de*

de l'Avoué, ou par celle de l'Huissier, ne sera pas recom-
mencée ; mais la Partie pourra en répéter les frais contre
eux, même des dommages et intérêts, en cas de manifeste
négligence; ce qui est laissé à l'arbitrage du Juge.

OBSERVATIONS.

L'enquête déclarée nulle par le fait du Juge-Commissaire,
pouvant, d'après l'article précédent, être recommencée à ses
frais, pourquoi ne pas laisser à la Partie la même ressource,
quand cette nullité est le fait de l'Avoué ou de l'Huissier?
Les dommages et intérêts, en cas de *manifeste négligence,*
seront un recours peu consolant pour la Partie qui aura perdu
son procès; mais pourtant d'une extrême sévérité pour l'Officier
qui, naturellement a intérêt de ne pas mériter ce reproche. Il
n'y a pas de raison de rendre sa condition plus dure que celle
du Juge-Commissaire; il faut craindre surtout que le vague
de cette *manifeste négligence,* laissé à l'arbitrage du Juge,
n'ouvre la porte à l'arbitraire.

De l'Interrogatoire sur Faits et Articles.

Art. 33o du Projet. *Si, ayant fait défaut sur l'assignation,*
il se présente avant le jugement, il sera interrogé, en payant
les frais du premier Procès-verbal, ceux de l'interrogatoire
et de la signification, sans répétition.

OBSERVATIONS.

L'assigné qui, pour avoir fait défaut, reste chargé des frais
du premier Procès-verbal, de ceux de l'Interrogatoire et de
la signification, encore que l'art. 335 les fasse supporter à

celui qui succombera, ce défaillant n'en doit être passible qu'autant qu'il ne justifiera pas que des raisons légitimes l'ont empêchées de comparaître ; car alors, que pourrait-on lui imputer ?

Des Incidens.

Art. 337 du Projet. *Toutes demandes incidentes seront formées en même temps ; les frais de celles qui seraient proposées postérieurement, ne pourront être répétées.*

OBSERVATIONS.

Il n'est pas toujours possible de former en même temps toutes les demandes incidentes. Ainsi ajouter à l'article ; *à moins qu'on ne justifie de l'impossibilité.*

De l'Intervention.

Art. 340 du Projet. *Dans les affaires sur lesquelles il aura été ordonné une instruction par écrit, si l'intervention est contestée par l'une des Parties, l'incident sera porté à l'audience.*

Art. 350 du Projet. *L'opposition à ce jugement sera portée à l'audience, même dans les affaires de rapport.*

OBSERVATIONS.

Porter à l'audience l'intervention contestée dans le cas de ces articles, et l'opposition au jugement par défaut sur une demande en reprise, c'est incontestablement pour que les Juges en ordonnent la jonction à l'affaire qui s'instruit par écrit, pour être fait droit sur le tout en jugeant.

Cela ressemble beaucoup à ces *Appointemens* qui avaient lieu autrefois dans les Instances et Procés; mais la voie de l'audience adoptée au Projet, à l'exemple de l'Ordonnance, (art. 9 et 32 du titre XI), sera moins prompte et plus coûteuse.

TITRE XXVI.

Procédures devant les Tribunaux de Commerce.

L'on remarque en général dans toutes les parties du Projet un degré de perfection admirable; toujours en garde contre les surprises de la mauvaise foi, les Rédacteurs s'attachent à la suivre dans tous ses détours, et à s'en rendre maîtres par des dispositions pleines de sagesse.

Ces traits distinguent particulièrement cette partie de la procédure proposée pour les Tribunaux de Commerce; sûreté et célérité pour le créancier, sans nuire en rien au débiteur; voilà ce qui se fait aisément remarquer.

Seulement l'art. 422, qui surseoit au jugement de la demande principale, jusqu'à ce que le sort d'une pièce produite, et méconnue, déniée ou arguée de faux, ait été décidé devant les Juges ordinaires, semble fournir aux débiteurs de mauvaise foi, un moyen évasif qui pourrait devenir funeste au créancier-demandeur.

On éviterait, ce semble, toute surprise; on empêcherait le défendeur de faire passer en vingt-quatre heures sa fortune

mobiliaire dans son porte-feuille, en ne déférant au sursis qu'en
l'obligeant de remplir certaines conditions préalables, comme
de consigner de suite une somme équivalente à l'amende à
laquelle est condamné, aux termes de l'art. 215, celui qui,
ayant dénié son écriture, succombe sur la vérification qui en
a été ordonnée; ou de donner caution.

Art. 438 du Projet. *Les Tribunaux de Commerce ne connaîtront point de l'exécution de leurs jugemens.*

OBSERVATIONS.

Suffit-il du principe?

L'Edit de création des Consuls de Paris, du mois de No-
vembre 1563, rendu commun pour toute la France, porte en
effet : « que *les saisies, établissemens de Commissaires, et
» vente de biens ou fruits*, seront faits en vertu des jugemens
» des Juges-Consuls; mais que les Criées et Interposition de
» Décret se feront par autorité des Juges ordinaires. »

Une Ordonnance du Châtelet de Paris, du 23 avril 1698,
établit aussi que les saisies-réelles, priorité d'hypothèques, les
préférences sur les saisies entre créanciers, les ouvertures de
portes, le choix ou refus des gardiens, la permission d'empri-
sonner les Fêtes et Dimanches; les demandes afin de compte
contre l'Huissier ou Commissaire de la vente des choses saisies,
ne sont pas de la compétence des Juges-Consuls.

Depuis, un Arrêt du Parlement de Paris du 21 juillet 1728,
rendu sur les Conclusions du Ministère public, a fait défenses
aux Juges-Consuls d'Orléans de connaître des contestations qui
peuvent naître entre Créanciers à l'occasion des saisies faites

en exécution de leurs Sentences, Ordres et distributions de deniers, et tous autres qui ne sont pas de leur attribution.

A l'égard des autres contestations qui peuvent naître entre le saisissant et le débiteur saisi, à l'occasion des saisies faites en vertu des Sentences consulaires, les Juges-Consuls en peuvent connaître, soit que la saisie ait été faite sur le débiteur même, soit qu'elle ait été faite ès-mains d'un tiers.

Mais si ce tiers saisi prétend ne rien devoir, ou qu'il se trouve des opposans qui ne soient point créanciers pour fait de marchandises, et dont la créance ne soit pas de la Jurisdiction consulaire; en ce cas, les Parties doivent se pourvoir pardevant les Juges ordinaires (*Arrêt de réglement du* 24 *janvier* 1733, *rendu pour Angoulême. Autre Arrêt du* 19 *septembre* 1755, *rendu en faveur des Juges-Consuls de Paris*).

Si cette Jurisprudence doit subsister, il semble que cet article du Projet devrait préciser les cas d'exception, toujours d'après le principe des Rédacteurs, qui est que le Code judiciaire doit tout prévoir; et ces cas seraient le cercle de la compétence des Tribunaux de Commerce à l'égard de l'exécution de leurs jugemens.

L'on doit d'autant plus penser que les Rédacteurs n'ont pas entendus tout leur ôter à cet égard, qu'il n'y a rien d'abrogé des Lois, Coutumes, Usages et Réglemens relatifs aux Jurisdictions Consulaires, par l'art. 1116, qui termine le Projet.

Au contraire, l'article est bon comme il est, si les Tribunaux de commerce ne doivent, dans aucun cas, connaître de l'exécution de leurs jugemens; mais alors le mot, *dans aucun cas,* doit être exprimé.

LIVRE III.

Des Tribunaux d'appel.

TITRE UNIQUE.

L'Art. 61 disposant que les Règles établies pour *l'instruction* dans les Tribunaux inférieurs, seront observées en Cour d'appel, nous devons à cet égard nous référer aux Remarques que nous avons faites sur les Articles relatifs à ces premiers Tribunaux.

Art. 439 du Projet. *Le délai pour interjeter appel sera de six mois; il courrera, pour les jugemens contradictoires, du jour de la signification à personne ou domicile;*

Pour les jugemens par défaut, du jour de l'exécution du jugement, ainsi qu'il est dit en l'article 154.

OBSERVATIONS.

Un délai de trois mois pour interjeter appel ne suffit-il pas? C'était celui prescrit par la loi du mois d'août 1790; il y a de l'inconvénient à laisser trop long-temps les choses en suspens, et dans l'incertitude les droits des Parties. Ce délai est commun aux jugemens exécutoires ou non exécutoires par provision; un délai moindre convient parfaitement pour ces derniers jugemens dont l'appel est suspensif.

Art. 450 du Projet. *L'acte d'appel contiendra l'énonciation sommaire des griefs ; il contiendra en outre , à peine de nullité, citation dans les délais de la loi, et sera signifié à personne ou domicile.*

OBSERVATIONS.

Jusqu'ici il ne fallait pas énoncer sommairement les griefs dans l'acte d'appel ; ces termes reçus parmi-nous, *pour griefs à déduire*, étaient beaucoup plus prudens; car il n'est pas toujours possible, et il est quelquefois dangereux de vouloir les énoncer; bien différent d'une demande dont les motifs dérivent toujours de ce qui en fait l'objet.

Cependant, sous le prétexte des griefs ainsi énoncés dans un simple acte, l'appelant est privé de déduire ses moyens d'appel par écrit; seulement on lui permet de répondre aux *Écritures* de l'intimé qui, d'après l'art. 456, pourra répliquer, tandis qu'il est naturel et dans l'ordre que l'appelant puisse développer ses griefs, pour l'instruction même de l'Avocat; que l'intimé réponde; et que chacun réplique, s'il y a lieu. C'est même le mode adopté dans l'*instruction par écrit*, Art. 89 , 90, 91 et 92 du Projet.

Art. 463 du Projet. *Si le jugement est confirmé, l'exécution appartiendra au premier Juge ; s'il est infirmé, elle* *appartiendra au Tribunal d'appel qui aura prononcé, ou autre Tribunal qu'il indiquera.*

OBSERVATIONS.

A ne consulter que la disposition littérale de cet Article, l'exécution des jugemens des Tribunaux de Commerce qui seront confirmés sur l'appel, appartiendra aux Juges qui les auront rendus, encore que, d'après l'art. 438, ils ne doivent pas en connaître.

Il faut donc faire disparaître cette epèce de contradiction; il faut du moins ôter à la chicane l'idée de pouvoir opposer la loi à la loi, en plaçant l'exception dans le premier membre de l'art. 463.

LIVRE IV.

TITRE II.

De la Requéte civile.

OBSERVATIONS.

L'Art. 472 du Projet contient dix Ouvertures ou moyens de Requêtes civiles.

La onzième Ouverture résulte des Articles 473 et 497 ; c'est lorsque la République, les Communes, les Établissemens publics, et les mineurs devenus majeurs, pourront se pourvoir en Requête civile, même contre le jugement déjà attaqué par cette voie,

contre

eontre le jugement qui l'aura rejetée, et aussi contre celui rendu sur le Rescisoire.

Dans ce cas, il n'y a pas un jugement rendu contre des mineurs qui ne puisse, à leur majorité, être attaqué sous un pareil prétexte; il serait essentiel qu'on pût préciser cette onzième ouverture, et dire qu'ils n'auront été *valablement défendus* que lorsque, par exemple, toutes les formalités prescrites par les lois à leur égard, auront été observées, ou lorsque, etc......; le moindre vague en telle occurrence ferait ressusciter ou occasionnerait une foule de procès.

C'était le défaut de l'art. 35 du titre XXXV de l'Ordonnance ; défaut qu'avaient signalés, dans leurs savantes Conférences, MM. les Commisaires qui expliquent ainsi le mot *non-valablement défendus*, lorsque les *principales défenses de fait et de droit* ont été omises, quoique les Arrêts ou jugemens rendus contre les mineurs aient été contradictoires ou sur productions respectives des Parties (*Voyez le Procès-verbal, pag.* 463).

Les mineurs ne sont pas non plus censés valablement défendus, lorsqu'ils n'ont point de tuteurs, et que le procès n'a pas été communiqué au Ministère public.

Mais ils ne pourraient s'en prévaloir, lorsque leurs frères majeurs ou co-héritiers qui étaient en cause avec eux, ont dit, pour moyens, tout ce qui pouvait se proposer; et que les mineurs n'ont rien à y ajouter (Ainsi jugé par Arrêt du 21 juillet 1695 et 13 avril 1696, rapportés l'un et l'autre au Journal des Audiences).

· Mais il est bien plus heureux d'avoir la loi pour guide, que d'être obligé d'en chercher l'interprétation dans une Jurisprudence, qui n'est elle-même que la preuve du silence ou de l'imprévoyance de la loi.

TITRE III.

De la Prise à partie.

Le Projet permet la prise à partie contre tous Juges, même contre les Cours d'Appel; la Cour de Cassation en est seule exceptée.

L'Art. 2 du titre XXX de l'Ordonnance, ne la permettait que contre des Juges inférieurs qui ne prononçaient pas en dernier ressort. Les Cours, Présidiaux, Élections et autres, dans les cas où ils jugeaient sans appel, ne pouvaient être pris à partie; il n'y avait que le pourvoi au Conseil.

Cependant les Commentateurs de l'Ordonnance observent, que lorsqu'il ne s'agissait que d'un refus, ou déni de justice, l'usage était, d'en porter la plainte à M. le Chancelier, dans le cas où ce déni de justice était d'un Juge qui avait connu en dernier ressort; que dans les autres cas de prise à partie, il fallait se pourvoir au Conseil.

Le respect dû à la Justice repousse une pareille action; c'est avilir ses Ministres dans l'esprit des Peuples que de la consacrer par une loi; il n'y a que celui qui juge les Justices mêmes, qui demandera compte à ceux qui le représentent; c'est pour avoir oublié un moment le grand principe de l'*inviolabilité*, et le respect dû aux autorités, que la France a été longtemps en proie aux plus horribles déchiremens. Les obligations des Magistrats sont dans leur institution même; au Prince seul appartient le droit de les rappeler à leurs devoirs s'ils s'en écartaient; dans quelques termes que soient conçues les sommations, elles seront toujours inconvenantes et contraires aux droits des Organes de la Justice (1).

Cette vérité se prouve par les difficultés mêmes dont le Projet embarrasse la prise à partie, surtout à l'égard des Cours d'Appel qui connaîtront elles-mêmes de l'action, s'il est question de se pourvoir contre un Membre (Art. 502); et encore faudra-t-il qu'elles en aient données la permission (503); et si la Requête est rejetée, si le demandeur est débouté, l'amende est au moins de 300 fr. (506 et 510).

Nous applaudissons à ces entraves; elles prouvent la vérité de notre proposition.

Mais qui osera jamais se pourvoir? Car, dès que le droit de la prise à partie suppose de l'abus possible dans le Magistrat, dans le Tribunal même, pourquoi ne supposerait-on pas également qu'il rejetera l'action, quoique bien fondée? Mais alors il ne restera au malheureux, que le regret amer de l'avoir intentée; il sera puni par la loi même dont il aurait réclamé l'appui contre l'abus de pouvoir; elle n'aura donc été pour lui qu'un piège, et une occasion de plus pour se plaindre de ses Juges, et peut-être, de calomnier la Justice.

Concluons que la prise à partie est un mal qui répugne aux droits de la Justice, qui tend à avilir ses organes, qui peut jeter celui qui en usera dans le désespoir, au lieu de lui garantir les moyens de faire accueillir sa juste réclamation. Elle serait tout au plus tolérable, à l'égard des Juges inférieurs.

---

(1) C'est un reste de l'ancienne Barbarie sous les Rois de la seconde Race. L'appel *de faux jugemens* obligeait les Juges qui les avaient rendus, d'en soutenir le jugé les armes à la main. L'appel *de défaute de droit*, qui avait quelquefois lieu en même temps, se portait devant le Suzerain, contre les Pairs du Seigneur qui refusait la justice aux Parties (Voyez *Montesquieu*, après *Beaumanoir* et *Desfontaines*. Espr. des Lois, Tome III, pag. 338 et suiv.).

TITRE VI.

De l'Exécution forcée des Jugemens.

Art. 576 du Projet. *Les contestations élevées sur l'exécution des jugemens des Tribunaux de Commerce, seront portées au Tribunal de première Instance du lieu où l'exécution se poursuivra.*

Voyez les Remarques sur l'art. 438.

TITRE VII.

Saisie-Arrêt et Opposition.

Art. 585 du Projet. *L'Huissier qui aura signifié la Saisie-arrêt ou opposition, sera tenu, s'il en est requis, de justifier de l'existence du saisissant à l'époque de la signification, à peine d'interdiction, et des dommages et intérêts des Parties.*

OBSERVATIONS.

Ce n'est presque jamais le saisissant, mais bien un correspondant ou l'Avoué qui charge l'Huissier; comment donc ce dernier justifierait-il de l'existence du saisissant à l'époque de la signification? Cette formalité serait une entrave, même pour l'Avoué qui, rarement demeure dans le lieu de son client; il faut ici laisser beaucoup de latitude à la confiance.

Pour quelques Huissiers qui se sont, par fois, permis de prêter leur ministère à la mauvaise foi, en faisant opposition à la

Requête d'un être de raison (et à cet égard, il existe des lois de répression contre ces officiers infidèles); il faut craindre de plus grands inconvéniens en entravant la marche de la Justice.

Art. 588 du Projet. *Faute de demande en validité, la saisie ou opposition sera nulle ; faute de dénonciation de cette demande au tiers saisi, les paiemens par lui faits jusqu'à la dénonciation, seront valables.*

OBSERVATIONS.

La rigueur excessive de cet Article ôterait aux Saisies-arrêts et Oppositions tout leur effet ; car lorsque je suis porté à cet acte de rigueur, dont l'objet est d'empêcher que mon débiteur soit payé à mon préjudice par son débiteur, souvent, et presque toujours, j'arrive à mon but, en forçant mon débiteur, soit de consentir que le sien me paie, soit de prendre avec lui tout autre arrangement convenable ; pour cela, il ne m'a fallu ni dénonciation de saisie , ni assignation en validité. Mais si vous allez annuller mon opposition , pour n'avoir pas formé cette demande dans la huitaine , ou la quinzaine au plus de sa date, n'est-ce pas enlever aux *Oppositions et Saisies-arrêts* tous les avantages qui y sont attachés ? N'est-ce pas en paralyser la mesure, jusqu'ici pourtant si salutaire, pour les créanciers légitimes ? Mesure qui, d'un autre côté, concilie si heureusement aussi les intérêts du débiteur, puisque les frais de ces dénonciations et demandes doivent nécessairement retomber sur lui.

Les Rédacteurs sentiront parfaitement que l'intérêt est un ressort assez puissant pour porter et le créancier sérieux à aller en avant sur son Acte conservatoire, et le débiteur même à en provoquer la main-levée, si cet Acte avait été fait et pesait sur lui sans motif.

TITRE VIII.

Des Saisies - Exécutions.

Art. 610 du Projet. *Si les portes sont fermées, ou si l'ouverture en est refusée, l'Huissier pourra établir gardien aux portes pour empêcher le divertissement; il se retirera sur-le-champ, sans assignation, devant le Juge-de-Paix ou le Commissaire de Police; et à leur défaut, dans les Communes où il n'y en a pas, devant le Maire ou Adjoint, en présence desquels l'ouverture des portes, même celle des meubles, sera faite au fur et à mesure de la saisie. L'Officier qui se transportera ne dressera point de Procès-verbal, mais il signera celui de l'Huissier, lequel ne pourra dresser du tout qu'un seul et même Procès-verbal.*

OBSERVATIONS.

Cet Article suppléera heureusement à la fausse mesure des Référés qui s'introduisent sur les refus de portes devant le Commissaire du Gouvernement; ce qui donnait lieu à des frais, à des longueurs, sans utilité pour le créancier, qui, dans l'intervalle, n'avait aucun moyen d'empêcher son débiteur de soustraire ses meubles des mains de la Justice.

TITRE X.

De la Saisie Brandon.

Art. 671 du Projet. *La vente sera faite un jour de Dimanche, sur les lieux, ou sur la place de la Commune où est située la majeure partie des objets saisis.*

OBSERVATIONS.

Les fruits pouvant être vendus sur le marché du lieu ou sur le plus voisin (art. 672), aussi bien que les meubles, effets et autres marchandises (art. 640), on ne voit pas la nécessité de vendre les jours de *Dimanches*, dès qu'on le peut les jours de marché.

Les Dimanches, d'après les lois, étant des jours de *repos*, et celles de la Religion les consacrant au service de Dieu, ce serait établir entre les unes et les autres une incohérence choquante; nous perdrions notre temps; notre voix crierait dans le désert, si nous ne parlions qu'à des ames vulgaires ou à des mécréans qui se bouchent les oreilles pour ne pas entendre. Le Législateur, dont la morale n'est pas autre que celle de la religion qu'il professe, comprendra parfaitement ce langage; les Rédacteurs l'ont même décidés d'avance, pour ainsi dire, en disposant par l'article 1107 du Projet, qu'aucune *signification ni exécution* ne sera faite lés jours de *Dimanche* et *Fête nationale*, si ce n'est en vertu de permission du Juge, dans le cas où il y aurait péril en la demeure.

TITRE XII.

De la Saisie immobiliaire.

Ce Titre paraît n'avoir rien laissé à desirer. Toutes les mesures sont prises pour la plus grande publicité de la vente des immeubles ; insertion au Tableau placé dans l'Auditoire et dans les Journaux, ayant cours dans le lieu où siége le Tribunal saisi de la poursuite ; et apposition de Placards ; le tout en trois différentes reprises avant l'adjudication : que pourrait-on faire de mieux ?

TITRE XIII.

Des Incidens.

Art. 744 du Projet. Celui qui revendiquera tout ou partie de l'objet saisi, sera tenu de le faire avant l'adjudication définitive : la demande sera formée par Requête d'Avoué, tant contre le saisissant que contre la Partie saisie et le créancier, premier inscrit ; la demande sera formée par exploit contre celle des Parties qui n'aura pas Avoué en Cause ; et dans ce cas, contre le créancier, au domicile élu par l'Inscription.

Art. 748 du Projet. Lorsque la revendication n'aura pas été faite dans le délai ci-dessus prescrit, il ne pourra être formé aucune demande contre l'adjudicataire : lequel demeurera propriétaire de la totalité des objets à lui adjugés, pourvu

que

*que la Partie saisie ait été, au moins deux ans avant la saisie,
en possession de tous lesdits objets, qu'elle les ait exploités
publiquement, soit par elle, soit par les locataires ou fer-
miers ; qu'ils aient été portés sur les rôles de la Contribution
foncière, sous le nom de la Partie saisie, et qu'extrait de la
matrice du rôle, ait été inséré dans la saisie, ainsi qu'il est
dit dans l'Article 696.*

OBSERVATIONS.

Obliger de revendiquer avant l'adjudication définitive, mon
bien qui se trouverait compris dans la saisie, sous peine de le
perdre, si la Partie saisie en avait joui pendant deux ans avant
la saisie; cela paraît évidemment contraire aux droits de la
propriété.

En effet, un fripon profitera de mon absence pour 'emparer
de ma maison, de mon champ; il en jouira publiquement, et en
paiera l'impôt, lorsque ses créanciers viendront le dépouiller ;
et cela suffira pour que la Justice soit sourde à ma réclamation !

Le débiteur de mauvaise foi n'échappera jamais une si belle
occasion de s'enrichir ; il la recherchera sans cesse ; et l'adjudicataire de bonne foi ne pourra que plaindre le légitime propriétaire ; avouons que c'est la possession la plus prompte
comme la plus perfide dans ses effets, et le moyen le plus efficace pour prescrire : mais nous le répétons, il résiste à tous les
principes de la propriété, notamment aux articles 549 et 1599
du Code civil ; le Législateur regretterait d'avoir poussé aussi
loin le Privilége des adjudications sur saisie.

———— · ————

TITRE XVI.

Des Référés.

Art. 821. Voyez la note sur les Art. 610, et 1115 ci-après.

Dispositions générales.

Art. 1115 du Projet. *En cas d'urgence le Juge pourra répondre en sa demeure les requêtes qui lui seront présentées.*

OBSERVATIONS.

Une loi très-sage a aboli les jugemens d'hôtel, c'est-à-dire, rendus par un seul Juge ; source de surprises, d'abus et d'injustices, qui faisaient souvent naître un procès sur un procès par la différence des Ordonnances. Le Projet ne peut pas vouloir y revenir ? Tout jugement doit être rendu à l'Audience ; c'est la loi et l'usage depuis 1791.

Art. 1116 du Projet. Si le Code judiciaire doit remplacer exclusivement *toutes Lois, Coutumes, Usages et Réglemens relatifs à la Procédure civile*, ce Code a dû tout prévoir ; et c'est pour cela, que nous nous sommes permis d'insister souvent sur plusieurs points du Projet, qui nous ont paru devoir rester encore sous l'empire de ces Lois, de ces Coutumes, de ces Usages, de ces Réglemens, à cause du silence même du Projet, à cet égard.

FIN.

www.ingramcontent.com/pod-product-compliance
Ingram Content Group UK Ltd.
Pitfield, Milton Keynes, MK11 3LW, UK
UKHW021652130726
13696UKWH00004B/1558